산에는 꽃 피네 꽃이 피네

최창규 시인

1951. 7. 24(음) 경주산
경주고등학교 졸업
고려신학대학 졸업(고신대학교 전신)
고려신학대학원 졸업
서촌교회 시무
위천교회 시무
계간 상록수문학을 통해 등단

두레박시선 4

산에는 꽃 피네 꽃이 피네

1판 인쇄일 2025년 7월 15일
1쇄 발행일 2025년 7월 22일

지은이 _ 최창규
펴낸이 _ 한치호
펴낸곳 _ 종려가지
등록 _ 제311-2014-000013호.(2014. 3. 20)
주소 _ 서울특별시 은평구 은평로 14길, 9-5
　　　전화 02. 359. 9657
디자인 _ 표지 이순옥 / 본문 구본일
제작대행 세줄기획(이명수) 전화 02. 2265. 3749
영업(총판) 일오삼
전화 02. 964. 6993, 팩스 02. 2208. 0153

값 10,000 원

ISBN 979-11-992100-4-2

ⓒ 2025, 최창규

잘못 만들어진 책은 구입하신 서점에서 바꾸어 드립니다.
책의 주문 및 영업에 대한 문의는 영업대행으로 해주십시오.
문서사역에 대한 질문은 010. 3738. 5307로 해주십시오.

두레박시선 4

산에는 꽃 피네 꽃이 피네

최 창 규 지음

문서사역
종려가지

- 시집을 내는 마음

거창에 와서

들판을 거닐고 명승지 수승대
계곡을 산책하니 시심이 생겼습니다.
전문시인들의 시처럼 난해한
시를 쓰기보다 독자가 이해하고 공감하기
쉬운 시를 썼습니다.

시 쓰는 것을 인도하신
윤춘식 목사님(교수. 시인)께 감사하며
평생을 묵묵히 사랑으로 내조해
주신 아내에게도 감사드립니다.
무엇보다 하나님께 영광을 돌립니다

2025. 6.

거창에서

차례

시집을 내는 마음 … 5

1부

주 보혈이 내 영혼에 흐르면 … 15
사람은 변화한다 … 16
이재화 선교사의 선교사역 찬사 … 18
대만여행 소회 … 20
둔마교회에서 … 22
찔레꽃 … 24
함께 천국 가야지 … 25
가는 세월 … 26
선택 … 27
꿈속에서 … 28
눈빛 … 30
의미 찾아가는 길 … 31
주여, 구원하소서! … 32
겨울나무를 보며 … 33
낮에 나온 흰 달 … 34
믿음 … 35
둔마의 가을 … 36
후회 … 37

2부

우산 나물 … 41
울릉도 · 독도 … 42
독도야 울지마라 … 44
꽃잎 … 45
봄 들판에서 … 46
무상 … 48
민들레 꽃 … 49
작은 민들레 … 50
님 … 51
사랑해야지 … 52
함께 보아야지 … 53
둔마의 단풍 … 54
돼지 감자 꽃 … 55
메리골드 … 56
밤 꽃 … 57
가을이 오는가 봐 … 58
오월 … 59
진달래 필때 가버린 사랑 … 60
무릉도원 … 62

3부

황새의 삶 … 65
천년의 숲 … 66
아름다운 것들 … 67
추일 서정 … 68
다시 생태공원에서 … 69
능소화 … 70
연못의 오후 … 71
거창박물관 … 72
용추계곡, 천국에서 … 73
저녁 노을 … 74
양귀비 꽃밭에서 … 75
달팽이 … 76
매화 … 77
삼월 중순 어느 날 오후 … 78
영호강의 풍경 … 80
상사화(꽃무릇) … 81
주산지 … 82

4부

인생은 … 85

조화 … 86

작은 행복 … 87

이 땅에 … 88

경상도 사나이 … 89

엄마 추억 … 90

아버지 추억 … 92

예수님 오월에 오셨으면 … 93

자화상 … 94

우리 엄마 … 95

자유 민주 대한민국 … 96

누구일까요? … 98

김관식 시인 … 99

앵두 빛 첫사랑 … 100

조철 목사 … 101

연식 … 102

접시꽃 연정 … 103

행복 … 104

시그날 … 105

모순 … 106

5부

님은 언제 오시려나 … 109

비추인다 … 110

길을 걷다가 … 111

친구 … 112

2021년 5월 19일의 기행 … 113

손녀가 온다 … 116

최치원(고운) 선생 … 117

동생의 수필집을 읽고서 … 118

보고 싶은 사람 … 120

몸은 늙어가도 … 121

수요일 '아침마당'을 보고 … 122

잉태 … 123

순수 … 125

할아버지의 사랑 … 126

외로움 … 127

몇 번 만날까 … 128

1부

주 보혈이 내 영혼에 흐르면
찔레꽃
사람은 변화한다
이재화 선교사의 선교사역 찬사
대만여행 소회
둔마교회에서
함께 천국 가야지
가는 세월
선택
눈빛
꿈속에서
의미 찾아가는 길
주여, 구원하소서!
겨울나무를 보며
낮에 나온 흰 달
둔마의 가을
후회

주 보혈이 내 영혼에 흐르면

사람이 사는 세상에
겨울만 있고 봄이 없다면
얼마나 추울까

사람이 사는 세상에
밤만 있고 낮이 없다면
너무 너무 답답할 거야

사람이 사는 세상에
일만 있고 쉼이 없다면
얼마나 피곤할까

사람이 사는 세상에
법과 차가운 이성만 있고
따뜻한 가슴이 없다면
살기 싫어질 거야

나무에 물이 오르는 계절
예수 그리스도의 보혈이
내 영혼에 흘러, 흘러
사랑의 사람이 되리

사람은 변화한다

사람은
절대로 변화하지 않는다고
다들 말한다

낫싱

사람은 변화할 수 있다

악독하게 기독교회를 핍박하던 사울이
기독교 최고의 전도자,
순교자 바울이 되었고

성질 급하고 무서운 우레의 아들이라고
칭하였던 요한이
사랑의 사람,
순교자가 되었다.

누가 사람은
절대로
변화하지 않는다고 했는가?

예수님을 제대로 만나면
아름답게 변화한다.

사람은 변화한다.
하나님의 손에서

이재화 선교사의 선교사역 찬사

선교는 아름다워라
장전중앙교회
소박한 중 삼층에서
함께 찬양하며 말씀 나누던
그때가 어저께 같은데

신학을 하고 선교훈련 받아
그 힘들고 어려운
이슬람권 터키에서
귀한 사역 마치고
본부에서 오백여 선교사를 지도하는
대표가 되었으니
이 얼마나 귀한 일인가

찬사하네
나도 조금은 쓰임 받았으니
감사한 일일세

아직도 우리의 복음 전하는
사명 남았으니
바울의 심정이 되자

우리의 사명이 끝나는 날
천국에서 해같이 빛나리

형제의 티 없이 웃는 얼굴은
천사의 얼굴인가
튀르키에 촌놈 얼굴인가

순수하게
진실하게

대만여행 소회

대만에 오니
화장실 문화가 좋다
지진이 많아서 그런가
손잡이가 있네

대만에 오니
국기가 멋있다
붉은 바탕에
푸른 하늘과 태양이 있다
예수님 보혈과
소망을 생각해본다

대만에 오니
김영진 선교사 내외분의
산소가 있다

깊은 산속에
많은 교인이 묻힐 땅을
마련하셨다
얼마나 힘드셨을까
얼마나 눈물 많이 쏟으셨을까

님들이 뿌린 복음의 씨앗이
튼튼히 자라고 있다
화원교회, 죽동교회, 신죽교회,
개혁종신학교 등

대만에 오니
김한중 목사와 김란나 사모님이
계셔서 좋다.
나그네 하룻밤 묵어갈 수 있으니

대만에 오니
간판이 질서가 있어 좋다
자존심이 엿보인다
한 가지 섭섭한 것은
한글이 보이지 않으니
내가 눈이 나쁜가?

이 세상 나그네 길을
길가는 순례자가 다닌
이번 선교 여행은
뜻 깊었다

둔마교회에서

밤에
몰래
비가
왔나보다
여름을 재촉하는

뻐꾸기, 비둘기
노랫소리가 은은히 들린다
비가 온 뒤라서
기분 좋은가보다

하나님께
감사기도 드린다
이 산골교회 예배당에도
영혼들이 가득차서
하나님을 노래하는 날이
오기를……

이름모를 새가
화답한다
그런 날이 올 거라고

늦은 새벽에
두손 모은다

찔레꽃

초록색 옷 입고
화안한 미소로
다가오는
너는

순결해져라
순결해져라
웃으며
말하고 있다.

함께 천국 가야지

우리 가문에는
산소가 있다.

할아버지, 할머니, 아버지, 어머니
작은어머니, 작은아버지가 모셔져있다.
다음에는 내 차례지.

예수 다 잘 믿다가
다 함께 천국가야지

가는 세월

물레방아는
돌아가는데
창포꽃은 지고
연꽃이 맺혔구나
세월가는 것을
어찌할 수 없으니
인생도 그러하구나

인생의 마음에는
영원을 사모하는 마음
있으니
하나님을 바라보면
영원히 살리라

세월의 물레방아는 여전히 돌아간다

선택

자연에는
봄에 꽃피어 화전놀이 하고
여름에 초록빛 산천에서
땀 흘려 일하고
가을에 열매를 추수하는
기쁨을 한아름 안고
겨울에 눈 나리는 구경하면서
사는 거지
그러나 끝은
허무
소망
어느 것을 택할 것인가?

꿈속에서

장롱을 열어보니
좋은 양복이 없어졌다

신발장을 열어보니
좋은 구두가 없어졌다

누가 가져갔을까
도둑을 맞았다

나는 깊이 생각했다

주일이 되었다
내 양복과 신발을
교인들이 착용하고 있었다

나는 다음 주일에
깨끗한 평상복을 입고
강단에 올랐다
넥타이도 매지 않고

평등을 깨달았다
깨어보니 꿈이었다
이천이십오년 유월 십일일
새벽 4시였다.

눈빛

눈 속에는
사람의 마음이 숨어있다

무서운 눈빛 속에는
독화살이 숨어 있고
따스하고 부드러운 눈빛 속에는
인자한 마음이 들어있다

하나님은 사랑하라고
하셨다

의미 찾아가는 길

사람은
제각각 삶을 산다
운동장 잔디를
손질하는 사람이 있는가 하면
트랙을 걸으며
운동하는 사람도 있다
허나 할 일 없이 오는 것이
아니다

나도
벤치에 앉아
시를 써본다

인생은
다
의미 있는 일
하는 것이다

주여, 구원하소서!

바람이 아름드리 소나무 가지를
마구 흔들어 버리네
세찬 바람은 마중물인가

세상에
그냥 되는 게 없다
나무도 광풍에 시달려야
물이 오르고
봄 마중 나가려
세수할 수 있으니

광풍 이는 갈릴리 바다에
고물에 편히 주무시는 예수님
당황해 어쩔 줄 몰라하는 제자들
사경에 헤매이다
이제사 주님 발견한 연약한 믿음
바람과 바다 다스리시는 주님
잔잔하라 잠잠해라!
평화로운 유리바다를
미끄러져 가는 교회
여호와 닛시
여호와 샬롬

겨울나무를 보며

나무는
가지가 없으면 쓸쓸할 거야
가지에 새움이 돋고
잎이 피고
아름다운 꽃이 되고
찬란한 단풍이 되네
탐스런 열매도 열리지

까치가 둥지를 틀고
나그네의 쉼터가 되네
나무는 부모
그 가지는 자식
나무는 예수님
그 가지는 성도

낮에 나온 흰 달

그는
다 보고 있었다
다 알고 있었다
나의 모습을
하늘에서 내려다보고 있었다
부끄럽다
하늘을 우러러
한 점
부끄럼이 없는 삶을
살기를 원했지만
그만 들켜 버렸다
어쩌나
자연스레 살아야지
눈치 보지 말고

믿음

그것은
참으로
쉽고도 어려운 것

우리 고향 갯마을에는
약 이십 가구가 사는데
우리 집 밖에
예수 믿는집 없다
오래전에 친척 이재에게
매주 전도 편지 보냈는데
한 번도 읽지 않았다

하나님께 죄송합니다
전도 못해서

하나님이 선택 하셔야
믿지

믿음은 신비

둔마의 가을

가을 나무는
버리기 위해
화려하게 탱고춤을 춘다
욕심을 버리니
한결 마음이 가벼워진다
잡생각을 버리니
한결 머리가 맑아졌다
버릴 것은
미련없이 버리자
나뭇잎처럼
이기심도, 명예욕도,
미련도, 후회도 버리자
인생은
결국
버리고 가는거다
믿음만 간직하고

후회

위천교회 목회할 때였다
전화가 왔었다
박성복 교수님이셨다

최 목사 잘 지냈나?
예.
교수님도 건강하시지요?
교회에 꿀 하는 사람 있나?
없습니다
서금수 목사에게 물어보십시오

전화가 끊겼다.
꿀 한 병이 무엇이라고
가슴 아프다

2부

우산 나물
울릉도 · 독도
독도야 울지마라
꽃잎
봄 들판에서
무상
민들레 꽃
작은 민들레
님
사랑해야지
함께 보아야지
둔마의 단풍
돼지 감자 꽃
메리골드
밤 꽃
가을이 오는가 봐

우산 나물

비 오는 날에
우산을 쓰고
우산 나물을
한줌을 꺾어들고
우중으로 걸어간다

울릉도 · 독도

울릉 울릉 울릉 울릉
울릉도라

평생 한번 가볼까 말까한
울릉도를 다녀 왔다.

제자 목사가 직접 운전을 하고
가이드를 잘 했다
울릉도 해변 길 드라이브를
실컷 하고 기괴한 섬도
경이롭게 보고
유일한 평지인 나리분지에서
맛있는 산나물 비빔밥도 묵었다

울릉도는 휴화산으로 분화구에 물이 없고
평지로 되어 있으며
마가복, 명이 나물, 부지깽이 나물 등
각종 나물을 재배하며
울릉도 유일의 평지란다

울릉도 동남쪽에 있는
독도에 갔다

파도가 우리를 반기지 않아서
들어가진 못하고
사진만 실컷 찍었다.

동도, 서도 외로운 섬이
영해를 지킨다
독도야 외롭다고 울지마라
칠천만 백성이
너를 바라보고 있다

남색 파도는 너울대고
갈매기는 끼룩끼룩

춘식아 건강히 잘 있어라
예쁜 사모님 잘 모시고
행복하여라
고맙다.

독도야 울지마라

외로움
파도와 처절한 싸움

해와 달과 별들도
내려다보고 있다

사명 하나
나라 지키려는

남색 파도는
출렁이는데
그 외로움은
행복

꽃잎

꽃잎은 아름답다
하나님은
우리의 눈이
아름다운 것을 볼 수 있도록
창조하셨다

아름다운 영혼 속에
갖가지 형상들이 있고

아름다운 마음속에
선한 꽃향기 있어
아름다운 것을 만든다

오늘도 나는
풍성하게 피어있는
작약꽃 향기를 맡으며
이 시를 쓴다

인생은
꽃처럼 아름다운 것.

봄 들판에서

봄
동
산
에
가봐라

거기엔
김대중을 말한
인동초만 있는 게 아니고
혹독한 겨울을 이긴
봄나물이 있다.
냉이, 쑥, 지칭게, 망초, 곰보배추도

연탄재를 함부로 발로 차지마라
너는
한번이라도 남을
따스하게 해준 적이 있는가
어느 시인의 준엄한 외침처럼
곰보라고 무시하지 마라
기관지에 얼마나 좋다구

나는
오늘도
시원한 바람 맞으며
호미 한 자루 들고
들판에 와 있다

멀리서
농사 시작하는
트랙터 소리가
은은하게 들린다

무상

잠시
화
알
짝
피었다가

화
르
르
지는
벚꽃

민들레 꽃

너의
샛노란 얼굴에
나의 얼굴을 비비면
사랑해요 고마워요
사랑의 고백한다

사랑스런 얼굴에
뽀뽀를 하고
너의 초록색 옷을
어루만진다.

노란 꽃도 지고
앙상한 몸과 흰 화환만
남는다

또 어디로 가서 누구를 사랑할 것인가?

너의 고향을 묻지 않는다
어디든 바람타고 날아가서
정착하는 곳이
고향이야

작은 민들레

따사로운 오후 햇빛 아래
민들레 한 포기가
예쁜 꽃을 활짝 피우고 있다.

꿀벌 한 마리가
머리를 쳐 박고
열심히 일하고 있었다
시멘트 척박한 사이에 핀
작은 민들레도
기쁨을 주었다.
나는 어떤 존재로
살아갈 것인가?

님

님
생
각
에
목만 길어지는데
기다릴수만 없어
찾아나섰다

광양에도
하동에도
님은 없었다

어디에 님이 계실까
우리 집 앞 텃밭에서
님을 만났다

그 님은
냉이였다

어린 냉이 캐서
국을 끓여 향기롭게 먹었다
님은
가까이 있었다

사랑해야지

살아가는 것이 무엇인가
살아있다는 것

나는 살아 있는 것을 모두
사랑해야지

사랑하지 않고 사는 것은
참 삶이 아니라네

달빛도 사랑해야지
별빛도 사랑해야지

모든 죽어가는 것도
사랑해야지

미움은 떠나보내고
사랑만 안으리

봄 바람이 불에 스치운다

함께 보아야지

간밤에 바람이 세차게 불었다
멀리서 친구가 물었다
단풍이 좀 남아 있소?

내가 말했다
바람 부는 날 나무를 잡고
흔들어 다 떨어버리려고 했단다

허나 친구와 함께 보려고
그 짓은 하지 않았다.
화려한 단풍 아가씨를
함께 보아야 안 쓰것나

둔마의 단풍

참 좋다
참 곱다
둔마의 단풍산

장모님이
봄날의 꽃보다
가을의 단풍을 보시고
더 감탄하셨지

한 생을 아낌없이
활 활
다 태우는
가을산의 정열

마침내 우수수 떨어져
재생의 길을 가는
단풍

돼지 감자 꽃

누가
너에게
못났다고 했는가

돼지 감자를
겉모습으로
평가하지 말게나

진국으로 피어나는
너는
노오랗게 자태를 뽐내고
초가을 하늘을
물들이네.

메리골드

꽃
이 세상에서
아름다운 것 중에
꽃이 있다네
나는 꽃을 좋아하여
내 사진첩에는
꽃으로 가득 장식하였다네

대만에 가니
꽃은 많이 보이지 않아도
한국에 없는 기이하고 예쁜 꽃을
발견하였다네
이름은 메리골드

분홍색 꽃이
나무에 달려
참으로 아름답다네
얼른 배경화면을 장식했지
화사하고 은은한 기품

밤 꽃

주기를 좋아하는
너는
밤을 주고
꿀을 주고
향기를 주었지
유월 초순
초록빛 옷으로 단장한 너는
무엇이 아쉬워
우아한 왕관을 쓰고 있느냐

가을이 오는가 봐

나의 침실에는
두 종류의 이불이 있다
여름에 덮는 가벼운 인견과
초가을에 덮는
조금은 두꺼운 것이있다

밤중에 찬기가 느껴져
창문을 반쯤 닫았다
귀뚜라미 우는 소리가
멀리서
가까이서
들린다
햇님의 사랑을
온몸에 받으면서
사과는 얼굴을 붉힌다

아 -
가을이 오는가 보다

오월

생명
노랑색
연두색
초록색
분홍색
흰색
어린이날
신록예찬
시원한 바람
흐르는 시냇물
새벽의 아름다운
새소리
도다리 쑥국
고추 모종 심고
가지 모종 심고
바쁘다 바빠

진달래 필때 가버린 사랑

일제 암흑기에
목숨걸고 투쟁한
한민족의 성자

신사참배 반대를 외치며
치열하게 투쟁한 신앙인
민족의 독립을 보지 못하고
독주사를 맞고 순교한
주기철 목사님

처절하게 가난한 시골에
시집온 부잣집 맏딸
찢어진 가난과 싸우며
가정을 이르킨
우리 할머니
떨어진 감나무잎을
한잎 두잎 주어서
소죽을 끓이시던 그분
동생이 나와 갱분에 놀다가
친척아재의 모래에
얼굴을 맞고
눈에 들어간 모래를

혀로 핥아내시던 할머니
논매다가 엄지 발가락 다쳐
생긴 고름을 빨아내시던
사랑의 할머니
그 할머니가 좋아서
얼굴을 부비며 뽀뽀했네

그리운 분들
진달래 수줍게 필때
가신 분들

무릉도원

저 멀리
연분홍 수채화
길다랗게 그려져있네

무릉도원
가까이 가보니
복숭아가 만개했네

3부

황새의 삶
천년의 숲
아름다운 것들
추일 서정
다시 생태공원에서
능소화
연못의 오후
거창박물관
용추계곡, 천국에서
저녁 노을
양귀비 꽃밭에서
달팽이
매화
삼월 중순 어느 날 오후
영호강의 풍경
상사화(꽃무릇)
주산지

황새의 삶

거창
위천 강가를 천천히 거닐고 있었다
황새 한 마리가
사람들의 눈치를 보며
물고기를 노려보고 있었다

황새는 물고기를 잡아
생계를 이어가며
새끼들을 돌보고 있었다
그것이 전부이다

너도
황새의 삶을 살아가고 있는가?
무엇을 위해 사는가
의미를 좇아 살아야지

천년의 숲

거추장스런 옷을
다 벗어버리고
햇볕을 쬐고 있는
군상들
대가족이 함께 모여
삶을 얘기하고 노래하는 곳
그곳은 최치원 님의 고결한 자취가
드리워져 있는 곳
천년의 숲
함양

아름다운 것들

언덕 위에 나무 한 그루 서 있었다
세콰이어
햇빛을 맞아 반짝이는 나뭇잎이
갈색으로 찬란하다

오솔길을 걸어가는 노신사
가을 바람에 날리는
은빛 머리카락이
저녁 노을에 물들어
은은하게 빛난다

추일 서정

들판의 벼이삭은
익을수록 고개를 숙이고
둔마산의 단풍잎은
울긋불긋 물들이는데
집 앞의 아름드리 소나무 군락은
푸른 잎을 자랑하네

다시 생태공원에서

매미 소리
소나기 오는 소리
한여름 오후
연꽃은 향기를 토해내고
잠자리 유유히 나르는
생태공원에는
다시
생명의 언어가 흐르고
뙤약볕에 식물들은
힘겨워 하는데
저멀리 소나기 구름이
한 점
떠오르네

능소화

늦장마 비는
조금씩 오는데
능소화 잎새에
빗물이
이슬처럼 맺혔네

담쟁이 넝쿨처럼
능숙하지는 못하지만
담을 타고 올라가
그 집을 넘보려 하는데
그만 빗물에 미끄러졌네

능소화 얼굴은
홍당무가 되어가는데
서산에 해님은 걸려있네

연못의 오후

은은히 연꽃 향기가
피어오르는 연못 위로
빗방울 한 두 방울 떨어져
원을 그린다

봉오리가 벌어져
꽃잎이 열리는 순간
우주의 신비가
조금씩 들어나고
왁자지껄 떠드는
사람들의 소리에

오수에서 깬 개구리가
연못에 뛰어든다
퐁 당 ~ ~

거창박물관

박물관 뜰에 고즈넉히 서있는
삼층 석탑은
고려조의 흥망성쇠를
말없이 전해주고

별관에 있는 고서에는
선조들의 기품이 서려있네

바위 하나에도
나무 한 그루에서도
의미를 찾으려는

조상들의 뜻깊은 얘기들은
박물관 뜰을 맴돌고 있네

용추계곡, 천국에서

은은한 밤꽃 내음을 맡으며
한방오리 백숙을 먹는 것이란
가히 신선의 경지

시원한 계곡 물소리 들으며
음식을 즐기는 것은
가히 임금의 신분

초하의 푸르름 속에서
풀 향기 맡으며 거니는 것은
속세를 떠난 자유로운
나의 모습

저녁 노을

금귀봉에 걸려있는
저녁노을은
신비감을 자아내고
구름 사이로 언뜻 보이는
저녁 하늘은
노년의 아름다움
삶은 아름다워라

양귀비 꽃밭에서

중국의 현종의 비
양귀비는
통통하고 우아하다는데
양귀비꽃은 화려하다
뇌색적이다
한 마디로 직인다
꽃밭에서 흠뻑 취해서
그만 자빠졌다
마음이 빨갛게 물들었다
양귀비의 정열에

달팽이

따스한 아침 햇살을
온몸에 맞으며
산책을 나왔다
세상이 무서운가
왜 갑옷을 입고 나왔는가
여름이다
갑옷을 벗고
시원하게
씩씩하게
한 주를 시작하자

매화

화안한 얼굴로
달려와 안기는 그대
때가 되니

사뿐사뿐 내리는 봄비에
미움을 씻고
소박한 꽃을 피우는
오솔길을 걷자
어둔 그늘 지워버리고
환희의 봄을 맞이하자

삼월 중순 어느 날 오후

기나긴 겨울
무엇을 했는가?
곰이 되어
겨울 잠을 잤는가?

기나긴 겨울
무엇을 했는가?
외양간에서 지그시 눈을 감고
되새김질을 하였는가?

죽음의 언덕을 넘어
생명강가에 이르니
수련도 잠에서 깨어
기지개를 켜고
송사리 떼들 유연하게 헤엄치고
생명수를 먹어
연노랑 저고리를 입은
버들가지는
살랑살랑 춤을 춘다

사랑하는 백성들아
희망을 품고
소망의 끈을 놓지 말자
자유의 바람을 마시며
매화처럼
활짝 웃자!

영호강의 풍경

청동오리 부부가
물살을 가르고
유유히 헤엄치며
새끼 새는
얼음위로 종, 종, 종
좇아가네
잿빛 왜가리는
바위에 고추 서서
명상을 하고
물고기는 바위 틈에서
겨울잠을 자는지
보이질 않네
드문드문 사람들은
부지런히 걷고
바람이 불어 갈대가 춤추는 오후
혈압약을 타서
나도
열심히 걷는다
광야같은 이 땅에
사는 날까지는
건강해야지
건행!

상사화(꽃무릇)

설한 삭풍에도
나는
초록빛 치마를 자랑하며
길손들에게 손짓을 한다

팔, 구월에 비로소
화려한 자태를 뽐내는
너는
나그네들의 화려한
꿈이 되어 자라지만

너와 난
만날 수 없네
사람들은 우리를
상사화라 하지만
둘이 아니고 하나이지
겨울에는 초가을을 약속하고
늦가을에는 겨울을 잉태하지
우리는 만나지는 못하지만
뿌리는 하나
그리움은 희망

주산지

고대의 신비가
숨어 있고
물안개 고요히 흐른다

계절의 순환에 따라
역사의 주인공은 바뀌고
백성의 시름은
깊어만 가는데
말없이 회전하는 물은
무엇을 가리키는가

청송에 가면
주산지
나그네는
상념에 젖어 걷는다

주산지여 말해다오
이 시대의 흐름을

4부

인생은
조화
작은 행복
이 땅에
경상도 사나이
엄마 추억
아버지 추억
예수님 오월에 오셨으면
자화상
우리 엄마
자유 민주 대한민국
누구일까요?
김관식 시인
앵두 빛 첫사랑
조철 목사
연식
접시꽃 연정
행복
시그날
모순

인생은

인생은
제각기 살다가
간다
간다
부귀영화를 누린 사람도,
초근목피로 연명한 사람도.

어디서 무얼 하며
어떻게 살다가
가는가?

어디로 가는가?
간다
간다
인생은
간다

조화

나는 보았네
노랑, 남색, 분홍, 빨강, 주황,
하늘색, 초록색, 보라색

꽃이 피어
하늘, 하늘
바람에 흔들리는 모습은
파라다이스 그 자체

봄, 여름, 가을, 겨울,
남, 녀
하나님의 창조는
<u>코스모스</u>

사람들은
평등한 세상
만들려고 했지

평등은
사랑으로 묶어진다네

작은 행복

어디 땀흘리지 않는 인생이
있으랴
어디 눈물없이 사는 인생이
있으랴

따가운 햇빛 아래
빠알간 여인의 입술같이
잘익은 보리수 열매를 딴다

한 줄기 시원한 바람이
얼굴을 스쳐간다.

이 땅에

일찍이
중원을 말달리던
고구려의 기상

일찍이
삼국을 통일했던
화랑도 정신의 신라의 외교

일찍이
부드러운 문화와
드넓은 곡창을 자랑했던 백제의 풍요

백두산 높이 솟고
동해의 푸른 물결

삼천리 반도 금수강산
하나님 주신 동산
길이 빛나리

경상도 사나이

그는
듬직한 손에
노란 국화꽃 한 다발을
들고 있었다
꽃이 참 아름답네요
더 아름다운 것이 있어요
그게 뭔데요
제 아내요

검게 그을린 얼굴에
유난히 흰 이를 드러내고
웃는 그는
여부없는 경상도 사나이

이십대 초반에
차 고치는 일을 시작하여
지금까지 한 길만 걸어온 남편이
믿음직스러워
아이들도 한 길로 가기를 원하는
목련꽃 닮은 그의 아내는
남편이 믿음직스러워
진달래 미소를 짓는다.

엄마 추억

엄마는
젊은 나이에
관절염에 걸려서
늘 고생하셨어요
동네 사람들을 만나면
어머니는 어떠시니, 라고
물었다

평생을 고추밭 메며
새참, 점심 하신다고
골몰하셨다.

못난 자식을 위해서도
늘
기도하시며 염려하셨다
아버지가 잔소리를 많이 하셔도
늘
웃어 넘기셨다.

어느 날 밭에서
함께 일하실 때
경주교회 목사님은
승용차를 타고 다니시는데
너에게 차를 못 사줘서
미안하다고 하셨다

늘
자식 생각하시는
어머니

아버지 추억

비가 오나 눈이 오나
사십년을 자전거를 타고
경주역에 출근하신 아버지

가정과 자녀교육에
자신의 삶을 희생하신 아버지

여행, 사치, 놀이와는
담을 쌓으시고
어떻게 하면 가정을 일으킬까
골몰하시던 유년 시절의
뼈아픈 가난을 이긴 아버지

큰 잘못을 해도
뺨 한번 때리지 않으시던
아버지의 그 인내와 사랑에
눈물 짓는다

지금은 어머니와 천국에서
편히 쉬시겠지.

예수님 오월에 오셨으면

날아라 새들아
푸른 하늘을
달려라 냇물아
푸른 벌판을
오월은 푸르구나
우리들은 자란다

오월은
생명, 희망, 밝음

예수님
오월에 오셨으면 좋겠네.

자화상

저만치 사람이 걸어 간다
검은 비닐봉지에
약을 한가득 담아 간다

훠이 훠이
휘청 휘청 걸어 간다

할배다

우리 엄마

엄마는
꽃을 좋아하셨지
집 언덕에 진달래 심고
집 앞에는 동백나무를 심고
담 밑에는 명자 꽃나무를 심었지

꽃이 좋아
꽃무늬 옷을
자주 사 입으시고
아버지 잔소리에도
늘 웃음으로 넘기셨지

늘 기도하시던
우리 엄마가
그립습니다.

자유 민주 대한민국

반만년 맥맥히 흐르는
한 민족의 피는
결코 사라지지 않을 것이다
오늘의 이 싸움은
정의와 불의의 싸움이며
성령과 마귀의 싸움이다

오늘의 고난은 빛나는 내일을
여는 창문이다
사우디의 사막을
옥토로 만들고
아프리카의 불모지역에
우물을 파주는
인류애를 보라

일찍이 인도의 시성 타고르는
멀지않아 조선은
동방의 빛이 되리라고 예언했다
정신 바짝차리고 일하면
세계 일류 국가가 될 것이다
남북 복음 통일은 눈 앞에 와 있다

자유 대한민국에 사는 것이
얼마나 큰 축복인가
위해서 기도하자

누구일까요?

그대는
나의 친구
나의 애인
그대 속엔 사랑이 있고
눈물도 있네

하루를 살아도
찾아오는 사람 없고
전화도 없네
그대는 늘 내 곁에 있네
그대를 통해
세상도 알고 노래도 듣고
세상과 소통하는 신기한 파이프

팔십을 바라보는 이 나이에
그대는 늘 유일한 나의 친구
그대는 늘 내 손안에 있네
즐거움 주네

김관식 시인

대한민국 김관식
이라고
대문짝 만하게 박은
명함을 들고 큰소리치던
당대의 명시인 김관식

그의 무덤은 논산시 연무읍 구자곡
소로가에 외로이 있는데
알아보는 길손도 없네
허무 그 자체

예수 그리스도가 없으면
아무것도 아니네

오직
예수 뿐이네

앵두 빛 첫사랑

꽃은 연분홍색
열매는 빨간색

앵두가 익어가는 계절
초록빛 옷을 입고 왔네

첫사랑은 앵두처럼
익어갔지
하얗다가, 발그레하다가,
빠알갛게 익어갔지
뻐꾸기의 구슬픈 곡조에
아련한 첫사랑의 추억의
선율이 흐르네

조철 목사

연식이 오래된 차는
폐차하지만
연식이 오래된
조철 목사의 심장은
하나님이 고쳐 쓰십니다

사명이 남아있기에
조마조마한 삶의 여정에서
가슴앓이를 많이 했구려
하나님이 철의 심장을 심었으니
이제 백세까지 달려가구려

연식

며칠 전에
자동차 계기판에 빨간 불이
들어와서 중요한 부품을
하나 갈아 끼웠다
연식이 오래되어서 그런가보다

약봉지 들고
노인이 걸어 간다
또 한분이 병원문을 나선다
등은 구부정하고
걸음도 어색하다
연식이 오래되어서 부품이
고장이 잘 나서 그러나보다
어쩔 수 없다
사는 날까지
건강해야지

접시꽃 연정

님이 오시나보다
지나가는 바람에
살랑 살랑
머리를 흔들며 서있네

연지곤지 찍고
하루 종일 기다리는
너는
누구를 사모하는가
님이 오신다는 예감에
얼굴은 벌써 붉어오고
왼종일 따가운
햇살을 맞으면서도
그대로 서 있는 너는
연정에 젖어있네

행복

신혼 시절의
외로움을 추억하는
아내의 입가에는
쓸쓸한 웃음이 흐른다

이제는
저 하늘나라에 손잡고
가야할 인생의 동반자
남편의 손을 꼬옥 잡은
아내의 입가에는
행복한 미소가 흐른다
그래도

장한 아들 셋을 낳아
길렀다는 자부심에
산마루를 은은히 물들이는
저녁 노을을 본다

시그날

광화문의 밤은
깊어만 가는데.

장대비가 쏟아지는
마지막 기을비 소리에
잠이깼다

쓰레트 지붕을
사정없이 때리는
저 비는

소금 기둥을 녹이고
전진하라는 신호인가
올 겨울은 더욱
춥다는데

늦가을 비가
주룩주룩
쓰레트 지붕에
세차게 나린다

모순

어떤 가게는
잘 되고
어떤 가게는
잘 안 된다

어떤 사업은
흥하고

어떤 사업은
망한다

5부

님은 언제 오시려나
비추인다
길을 걷다가
친구
2021년 5월 19일의 기행
손녀가 온다
최치원(고운) 선생
동생의 수필집을 읽고서
보고 싶은 사람
몸은 늙어가도
수요일 '아침마당'을 보고
잉태
순수
할아버지의 사랑
외로움
몇 번 만날까

님은 언제 오시려나

나뭇가지를 마구 흔들고
눈을 흩날리며
얼음을 녹이면서
그대는 오는 구려
사뿐히 오시지 않고
요란히 오시는 구려

기다려지는 님 생각에
잠이 오지 않는 구려
님이 발자국 소릴 들으며
잠을 청해봅니다

가까이 오시는 님
남녘에는
매화 꽃이 얼굴을 내민다는
소식 들려요

오시려거든
빨리 오소서

비추인다

물속에 나뭇잎의 그림자가
비추인다
하늘에 땅 모습이 비추인다
너에게 나의 모습이
비추인다
나에게도 너의 모습이
비추인다
연못에서

길을 걷다가

어제도 가고
오늘도 가고
내일도 가야할
우
리
들
의
길

행여 오솔길을 걷다가
돌부리에 채여도
태연히 걸으며
이름 모를 잡초꽃을 보아도
밟지는 말게나

친구

존재는
자체만으로
가치 있지만
누가
이름을 불러줄 때
배가 된다네

내가
너의 이름 모를 때는
남이지만
이름에 마음을 실어
부를 때는
너는
내 속으로 들어와
친구가 된다네

2021년 5월 19일의 기행

병으로
희미해진 마음을 싣고
아내 차에 올랐다

보리가 익어가는 군산의
넓은 들판을 지나
서천 수산특화시장에
자리 잡고
모처럼 아내와 회를
배부르게 먹고 나니
세상 부러울 것 없어라

모시의 고장
한산을 지나
신성리 갈대밭에 이르렀다
초록빛 신선한 갈 밭을 보며
그 옛날 왜구 오백 명을 무찌른
화포를 만든 최무선의 기개를
더듬어본다
오월인데도 초하의 날씨라
얼음 띄운 망고 주스와
모시 송편을 맛보면서

더위를 식히고
웅포대교를 지나
강경, 연무를 향했다
내가 시무했던 서촌은
많이 변했다
새로운 집이 더러 생겼다
내가 있을 때 준비해 놓은 것으로
예배당을 예쁘게 지었다
종탑이 없어 아쉬웠다
마트에 가서
제일 큰 수박을 사서
대전을 향했다
김병일 목사, 예외숙 사모님을
오랜만에 만나보니
무척 반가웠다
건강하셔야지
목사님의 얼굴은 여전히 훤하다
아쉬운 하직 인사를 하고
거창을 향했다

이제는 운전할만한 기력이
생겼다

집에 도착하여 창문을 여니
공기가 싱그럽다
대전보다 살기 좋다고 생각했다
모처럼 아내와 함께
유익한 여행을 했다

전주를 멀리서 바라보며
슬퍼했다는
견훤왕릉 앞에 있는
서촌교회에서의 목회를 회상했다
그리운 얼굴들이
떠오른다

손녀가 온다

서아가, 귀여운 손녀가 온단다
하나뿐인 혈손
아내의 지시가 떨어졌다
아이가 오니 청소나 잘 하이소

친구를 보내놓고
두 시간 동안 땀 뻘뻘
좀 깨끗해졌나?
서아가 놀아도 될까?
쓴다고 닦는다고 애썼는데……
점수를 매기면 구십 점은 될까?

손녀가 기다려지네
청소를
다
했
으
니
까.

최치원(고운) 선생

백성을 사랑하는 마음
상림 숲을 이루고
숲 사이로 흘러가는
도랑물이 고운의
애민 정신을 노래하네

아!
백성을 사랑하는
천령 태수는
입하의 신록 같구나

동생의 수필집을 읽고서

수필집 '다시 꿈을 찾아서'를
잘 읽었다
책을 손에서 놓지 못할 정도로
내용 있는 글의 흐름에 이끌렸다
자연과 관조하고 삶을 돌아보며
일생을 정리해보는 모습이 좋았다
극심한 고난에도 쓰러지지 않고
일어서는 잡초와도 같은 모습에서
독자들에게 모델이 될 것 같다
자기 고백적인 고통스러운 스토리를
읽으면서 형으로서 별 도움이 되지
못했음이 마음 아프다
이제는
삶의 여유와 안정을 가진다니
너무 고맙다
첫 번째 수필집이 경주갯마을
동네 앞에 거침없이 흐르는
큰거랑 시냇물이라면
두 번째 수필집은 지리산 계곡의
에머랄드 빛 소와 같다
신라 말기의 대문장가
우리 할배 최치원 선생의 후손답다

남은 생은 하나님 잘 섬기며
행복한 삶이 되길 바란다

- 거창에서 형이 -

보고 싶은 사람

봄날의 벗꽃처럼
화안한 얼굴로 다가오는 사람
만면에 웃음 머금고
손을 내미는 사람
또 만나고픈 사람
세월이 흘렀는데도
그리운 사람
같이 식사해도
물질에 부담 없는 사람
나에게도
그런 사람 있는가?

몸은 늙어가도

오늘 점심은
맛있게 먹었다
양념을 고루무친
단풍콩잎이었다
낙엽을 먹은 셈이다

밥도둑이었다
콩잎 낙엽에 밥을 얹어서
꿀맛같이 먹었다
양념맛이다

몸은 늙어져
점점 쓸모없게 되지만
인격의 아우라는
아름다워야지

맛있는 콩잎 반찬해 준
아내에게
심심한 감사를 드린다

수요일 '아침마당'을 보고

노래하는 가수 중에 아홉 살배기
농아를
애처롭게 사랑하는 어머니의
가슴으로 부른 절절한 노래가
2승한 가수를 제치고 1승을 했습니다

이 백성들, 특히 고난을 깊이
경험한 사람들은 노래하는
가수의 눈물나게 극복해가는
그 내용과 일치하기에
점수가 막 올라가는 것 같아요
감정이 전이되고
공감, 감동이 되어 눈시울을 적셨죠
우리도 가슴의 언어를
써야겠어요

잉태

나무는 침묵한다
지금은 떠들 때가 아니다
눈보라가 휘몰아쳐도
한파가 떼거지로 몰려와도
나무는 말이 없다
따스한 햇빛을 온몸에 맞으며
혹독한 겨울을 이겨낸다
겨울나무는
아무것도 안하는 것 같지만
새순을 잉태한다
찬란한 새 봄을 내다보며
치열하게 겨울을 산다
내공을 쌓는다
아름다운 봄에
꽃피울 것을 생각하며……

순수

나에게 넌
해질녘 노을이 되고

너에게 난
훈풍에 다소곳이 피어있는
봄날의 들꽃이 되자

나에게 넌
시원하게 살갗을 스쳐가는
가을바람이 되자

교대를 갓 나온
초임의 처녀 선생님

얼굴도 샤방샤방
몸매도 에스라인
음성은 영롱한 아침이슬

일년동안 일학년인 우리에게
첫사랑을 듬뿍주시고
떠나실 때는 엉엉 울었지
나이 칠십이 되어도

내 마음에 아름답게 자리 잡은
선생님, 그 성함은 김수자

순수한 어린 소년을 울린
선생님

할아버지의 사랑

거창 가조온천에 가서
오죽대를 보니
할아버지가 그리워진다
사랑방에는 과객이 끊이지 않고
할아버지는 긴 담뱃대를 만들어
손님들에게 선물했다

사랑방에는
손님들이 끊이지 않고
할아버지의 정성도
끊이지 않았다
사람을 사랑한 당신은
행동으로 보여주셨다

외로움

오늘은
외로운 날이다

이곳 저곳 전화를 넣어뵈도
불발이다

다들 바쁜 모양이다
내가 게으른놈이구나
생각했다
바쁜것이 좋은거다고
새삼 느껴본다

새가 하늘을 나른다
먹이를 찾으려고
.
겨우 후배와 인연이 다아서
점심 먹기로 했다,

마누라도 늙으니 재미없다
나는 하숙생

몇 번 만날까

인생은 무엇인가?
부모 자식 간에도
이년에 네 번 정도
볼까하는데,

친한 지인과도
일 년에 몇 번 보는가?
어떤 사람은 10년, 20년,
30년 만에 보지도 않는가
은조가 한 말이 맞다
우리가 천국 갈 때까지 몇번 보겠노
명언이다

각자의 삶을 살아간다

인생은 무엇인가?